$E=mc^2$이란 무엇인가?

E=MC²?

by Jean-Louis Bobin

민음 바칼로레아 055

$E=mc^2$ 이란 무엇인가?

장루이 보뱅 | 곽영직 감수 | 김성희 옮김

민음in

질문 : $E=mc^2$이란 무엇인가?

$E=mc^2$. 누구나 한 번쯤은 접해 본 공식일 것이다. 이 공식은 질량 m에 진공 상태에서 빛의 속도 c의 제곱을 곱한 값이 에너지 E와 같다는 말이다. 대부분의 사람들은 $E=mc^2$을 보고 상대성 이론˚을 탄생시킨 전설적인 주인공 알베르트 아인슈타인˚

● ● ●

상대성 이론 뉴턴 역학의 절대 공간과 절대 시간을 부정하고, 1905년에 아인슈타인이 처음으로 정립한 특수 상대성 이론과 일반 상대성 이론을 통틀어 이르는 말. 특수 상대성 이론은 빛의 속도가 매질에 상관없이 모든 관측자에 대하여 같은 값을 가지며, 또 모든 물리 법칙이 등속도로 운동하는 관측자에 대해 같게 적용되는 것을 바탕으로 한다. 일반 상대성 이론은 중력과 관성력이 같기 때문에 일정한 가속도를 가진 관측자들에게도 상대성 원리가 적용됨을 밝힌 것이다. 이 두 이론은 시간과 공간이 관측자에 대하여 상대적인 의미를 가짐을 밝혀 물리학의 기초를 새롭게 닦았다고 평가된다.

을 떠올린다. 그만큼 이 공식은 20세기를 상징하는 위대한 과학자 아인슈타인의 초상을 완성하는 데 빼놓을 수 없는 요소이다.

아인슈타인은 이외에도 많은 다른 공식들을 남겼다. 즉, $E=mc^2$은 그가 내놓은 유일한 공식도 최초의 공식도 아니다. 그럼에도 불구하고 이 공식이 오늘날 그토록 특별한 위치를 차지하고 있는 이유는 무엇일까?

오래전부터 물리학자들 사이에서는 흔히 통하는 농담이 하나 있다. "공식의 길이와 효력은 반비례한다."라는 말이다. $E=mc^2$의 인기를 고려하면 그 말은 어느 정도 맞는 것 같다. 아인슈타인의 이 군더더기 없이 짤막한 공식이 빚어 낸 결과들은 그 간결한 아름다움만큼이나 엄청나다.

사람들은 보통 이 공식을 핵폭탄이나 원자력 발전소처럼 엄청난 파괴력을 갖는 핵에너지와 주로 연결시킨다. 언젠가 스위스의 주요 일간지인 《트리뷴 드 주네브》에서 머리기사로 쓴

●　●　●

알베르트 아인슈타인(1879~1955) 독일 태생의 미국 물리학자. 광양자설, 특수 상대성 이론, 일반 상대성 이론, 통일장 이론 등을 연구해 갈릴레이와 뉴턴의 이론이 지배하던 고전 물리학을 송두리째 뒤집고, 종래의 시간과 공간 개념도 근본적으로 바꾸어 놓음으로써 현대 물리학의 체계를 세웠다. 광전 효과에 관한 연구로 1921년에 노벨 물리학상을 수상했다.

"알베르트 아인슈타인, $E=mc^2$에서부터 원자폭탄까지"라는 말에서도 이와 같은 인식은 잘 드러난다.

그러나 이 공식은 이런 막연한 개념을 초월한다. 훨씬 폭넓고 깊은 의미가 그 안에 담겨 있기 때문이다. 사회 통념이 대부분 그렇듯이 $E=mc^2$에 대한 사람들의 이해에는 편협한 면도 있고, 왜곡된 면도 적지 않다.

$E=mc^2$에서 비롯된 상대성 이론은 어렵기로 유명하다. 그러나 일단 이 공식을 조금이라도 이해한 사람들은 그 놀라운 독창성에 감탄하게 된다.(이름도 없는 특허국의 청년 기사였던 아인슈타인의 상대성 이론의 가치를 처음으로 인정하고 널리 알린 막스 플랑크*에게 감사를!) 아인슈타인은 상대성 이론이 과학계에 혁명을 일으키며 사람들의 관심을 모으기 시작하자 $E=mc^2$에 대해 이렇게 말했다. 닥터 스트레인지러브*처럼 무책임한

● ● ●

막스 플랑크(1858~1947) 독일의 물리학자. 열역학을 연구하고 열복사 이론에 양자 가설을 도입하여 양자 물리학 이론을 개척했다. 무명 과학자에 불과했던 아인슈타인의 상대성 이론을 공개적으로 지지하여 학계에 널리 퍼지게 만드는 데 힘썼으며 초창기의 상대성 이론의 발전에도 기여했다. 1918년 노벨 물리학상을 수상했다.
닥터 스트레인지러브 스탠리 큐브릭 감독이 만든 SF 영화 「닥터 스트레인지러브」의 주인공이다. 이 영화는 인간이 만든 기계가 인류를 공격하는 암울한 미래를 예고한다. 여기서 닥터 스트레인지러브는 테크놀로지와 컴퓨터의 신봉자이며, 기계의 도움으로 겨우 생명을 지탱하는 퇴물 파시스트로 나온다.

사람이 이 공식을 사용하면 끔찍한 발명을 할 수도 있다고.

$E=mc^2$은 어느 날 갑자기 아인슈타인의 머리에서 튀어나온 기발한 공식이 아니다. 이 위대한 공식이 탄생하기 전에 이미 물리학에는 거기에 필요한 요소들이 마련되어 있었다. 그러나 중요한 것은 $E=mc^2$은 그 요소들을 모두 합친 것보다도 더욱 심오한 뜻을 내포하고 있다는 사실이다.

이 시점에서 잠깐 $E=mc^2$을 구성하는 세 가지 요소인 에너지, 질량, 진공에서 빛의 속도에 대해 알아보자.

진공에서 빛의 속도는 항상 일정하다. 물리학자들은 빛의 속도를 우주의 기본 상수 중 하나로 여긴다. 여기서 빛은 넓은 의미로 쓰이는데, 곧 진공에서 1초에 약 30만 킬로미터, 좀 더 정확하게는 299,792,458미터를 이동하는 모든 전자기파(가시광선, 라디오파, X선 등)를 가리킨다. 이런 빛의 속도는 전자기파가 나아가는 방향 또는 광원이나 탐지자의 운동이 달라져도 항상 일정하며, 그 어느 것도 빛의 속도를 뛰어넘을 수는 없다.

에너지라는 개념은 모든 물리학의 기초가 되는 **역학**˚에서 나왔다. 빛은 에너지를 전달한다. 그러나 질량을 가지고 있지

● ● ● ●

역학 물체의 운동에 관한 법칙을 연구하는 학문.

않은 물체의 에너지는 뉴턴 의 역학 법칙으로 설명할 수 없다. 뉴턴의 역학 법칙들은 에너지와 질량을 갖춘 물질적 대상에 적용되기 때문이다.

끝으로 질량에 대해 이야기해 보자. 뉴턴에 따르면 질량은 그 자체로 존재한다. 절대적인 시간과 공간이 존재하는 것처럼 말이다. 질량은 어떤 형태의 에너지와도 동일한 값을 갖지 않는다. 질량이 몇몇 에너지 형태들과 이루는 단순한 비례 관계를 통해 질량의 의미를 확인할 수 있을 뿐이다.

물리학의 여러 분야들은 역학이 확립되고 난 후에 발전했다. 전자기학 도 그중 하나로, 오랫동안 역학과 분리되어 있었다. 그런데 역학과 전자기학은 둘 다 에너지라는 개념을 사용하는 공통점이 있다. 19세기 말이 되자 과학자들은 이 두 분야를 잇는 에너지라는 다리에 대해 관심을 보이기 시작했다. 그리고 이들의 탐구는 곧 질량의 기원에 대한 물음으로 이어졌다. 에너지와 질량에 대한 이러한 고찰은 결국 $E=mc^2$이 탄생

● ● ●

아이작 뉴턴(1642~1727) 영국의 물리학자이자 수학자, 천문학자. 만유인력의 법칙, 운동 법칙, 유분법 등 물리학, 천문학, 수학 분야에서 두드러지는 발견을 했다. 또 자연을 기계론적으로 바라보는 역학적 세계관으로 근대 사상과 과학의 확립에 큰 역할을 했다. 대표적인 저서로는 『자연 철학의 수학적 원리』가 있다.
전자기학 전기적 · 자기적 현상 전반에 대해 연구하는 학문. 정전기학, 정자기학, 전기 역학 따위가 포함된다.

할 수 있는 밑바탕이 되었다.

$E=mc^2$만을 놓고 본다면, 너무나 기억하기 쉽고 간단해 보이는 공식이다. 그러나 상대성 이론이라는 신비로운 안개가 이 공식을 둘러싸고 우리의 접근을 막는다. 이 책에서는 $E=mc^2$이 나오기까지 긴 여정을 되짚어 보고 그 공식에 따른 결과들을 살펴볼 것이다. 이를 통해 이 공식을 둘러싼 안개를 걷어 내고 $E=mc^2$의 실체를 밝힐 수 있을 것이다.

1

$E=mc^2$은 어떻게
성립할까?

중력 질량과 관성 질량은 어떻게 다를까?

질량은 물질이 지닌 어떤 양과 비례 관계에 있는 수이다. 일반적으로 물체의 질량을 측정할 때 우리는 약간씩 오차가 있는 여러 기구를 이용해 무게를 잰다. 그러나 이것은 질량을 재는 간접적인 방법이다. 사실 우리는 물체에 작용하는 힘을 측정하고 간단한 기술을 이용해 그것을 질량으로 환산하는 방법을 쓴다.

모든 물체는 서로 자연의 기본적인 힘 가운데 하나인 **중력적 상호 작용**이라는 힘을 주고받는다. 특히 지구에서 나오는 이 힘, 즉 지구가 물체를 잡아당기는 힘을 **중력**이라 한다.

우리가 흔히 어떤 물체의 무게라고 하는 값도 사실은 그 물체가 지구 중심을 향해 수직으로 잡아당겨진 힘이다. 즉 물체에 작용하는 중력을 말하는 것이다. 이때 중력은 물체가 지니고 있는 물질의 양인 질량에 비례한다. 그리고 우리는 이 중력을 재서 물체의 무게라고 생각한다. 이때 물체가 받는 힘을 무게로 나타내기 위해 별다른 계산 과정을 거칠 필요는 없다. 왜냐하면 접시 저울이든 전자 저울이든 모든 저울은 그 위의 물체가 지구 중심으로부터 받는 힘을 질량의 단위로 나타내도록 되어 있기 때문이다. 지금까지 말한 물체의 질량은 중력이 물체에 작용하는 정도를 나타낸 것이므로 **중력 질량**이라고 한다.

역학 중에서 운동에 대해 다루는 분야를 **동역학**이라 한다. 그런데 동역학의 모든 법칙에서 빠지지 않고 등장하는 것이 바로 **운동량**이다. 운동량이란 물질이 가지고 있는 어떤 양에 속도를 곱한 값이다. 여기서 '물질이 가지고 있는 어떤 양' 이란 물론 질량을 뜻한다.

그러나 이때의 질량은 앞에서 말한 중력 질량과는 다소 의미가 다르다. 물리학자들은 이것을 **관성 질량**이라고 한다. 관성 질량이라는 말에는 물체의 질량이 무거울수록 그 물체를 이동시키기가 더 힘들다는 의미가 내포되어 있다. 일반적으로 관성

● ● ● ●

중력 중력은 끌어당기는 힘인 인력 중의 하나이다. 인력에는 전기적 인력, 강력, 약력 같은 것들이 있는데, 중력은 이들 중 특히 질량 사이에 작용하는 인력을 말한다.

질량은 물체에 가한 힘을 가속도(물체가 힘을 받아 얻은 속도)로 나눈 값을 말한다.(뉴턴의 운동 제2법칙)

그런데 어떤 물질량을 특징짓는 중력 질량과 관성 질량은 그 값이 과연 같을까? 사실상 뉴턴은 이 두 값이 같다는 것을 전제로 운동의 법칙들을 만들었다. 그리고 뉴턴보다도 훨씬 이전에 갈릴레이 역시 이런 의문을 느끼고, 그 유명한 피사의 사탑 실험을 했다.

갈릴레이는 아마도 16세기에서 17세기로 넘어갈 무렵에 피사의 사탑 실험을 한 것으로 보인다. 그는 우선 두 개의 공을 준비했다. 하나는 책 열 권의 무게가 나가고, 다른 하나는 책 한 권의 무게가 나가는 쇠로 된 공이었다. 그는 이 두 공을 사탑의 꼭대기에서 동시에 떨어뜨렸다. 그랬더니 두 공은 상당한 무게 차이에도 불구하고 동시에 땅에 떨어졌다.

그 후 백 년이 지난 어느 날 같은 실험을 좀 더 정교하게 해보고자 도전한 과학자가 있었다. 바로 뉴턴이었다. 그는 진공관에서 구슬과 깃털을 가지고 동시에 떨어뜨리는 실험을 했다. 물론 그 결과는 갈릴레이의 실험과 마찬가지였다.

19세기 말에 관성 질량의 기원에 대한 문제가 제기되면서 오래된 의문이 다시 과학자들을 사로잡았다. 정말 관성 질량과 중력 질량의 값은 같을까 하는 것이었다. 결국 헝가리의 물리학자 외트뵈시 가 시도한 더욱 정교한 진자 실험과 좀 더 최근에 이루어진 또 다른 실험들 덕분에 중력 질량과 관성 질량의 값이 같다는 사실이 정확하게 확인되었다.

갈릴레이의 상대성 원리란 무엇인가?

역학은 추상적인 학문이다. 오랫동안 역학은 논리적 사고의 체계 위에 세워진 '이성적인' 학문으로 규정되어 왔다. 따라서 역학에서 가장 중요한 '운동' 역시 구체적인 경험 대상이 아니라 관념적 이해의 대상이었다. 그러나 '운동' 중에서도 성격이 특별한 등속 직선 운동은 관념적인 이해가 부족해도 누구나 쉽게 관찰할 수 있는 하나의 현상이다.

예를 들어, 등속 직선 운동하는(일정한 속도로 똑바로 달리

● ● ● ●

뉴턴의 진공관 실험 진공관에서 구슬과 깃털을 자유 낙하시키면 질량에 관계없이 두 물체는 동시에 떨어진다. 뉴턴에 의하면 구슬의 질량이 크면 중력도 크지만, 그만큼 관성도 커지므로 구슬과 깃털은 똑같이 가속되어 똑같이 낙하한다. 이런 현상은 질량의 중력 효과와 관성 효과가 똑같다는 등가 원리 때문에 생긴 것이다.

롤란드 폰 외트뵈시(1848~1919)　헝가리의 물리학자이자 수학자. 지표상에서 움직이는 물체의 중력이 물체가 움직이는 방향에 따라 달라지는 외트뵈시 효과를 발견했다.

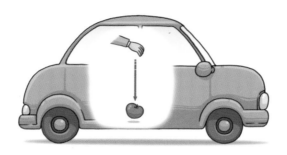

정지 상태에 있는 자동차

일정한 속도로 달리고 있는 자동차

일정한 속도로 달리고 있는 자동차 안에서 자유 낙하시킨 사과는
정지 상태의 자동차 안에서 자유 낙하시킨 사과와 연직으로 같은 위치에 떨어진다.

는) 자동차 안에서 자유 낙하시킨(일정한 높이에서 힘을 가하지 않고 떨어뜨린) 물체의 낙하 지점은 정지 상태의 자동차 안에서 자유 낙하시킨 물체의 낙하 지점과 동일하다.

이번에는 하천을 따라 시속 5킬로미터로 나아가는 거룻배와 시속 900킬로미터로 하늘을 나는 비행기 안에서 위와 같은 자유 낙하 실험을 해 보자. 그리고 각각 정지 상태에서 실험한 결과와 비교해 보자. 결과는 역시 마찬가지이다.

이런 예를 통해 정지 상태와 등속도 운동 상태는 힘의 관점에서 보았을 때 아무런 차이가 없다는 것을 알 수 있다. 갈릴레이는 이 사실을 바탕으로 직교하는 세 개의 축으로 이루어진 어떤 기준계에 대해 물체가 등속 직선 운동을 하고 있을 경우를 생각해 보았다. 우리가 앞에서 보았던 실험에서 어떤 자동차가 정지 상태일 때와 등속 직선 운동 중일 때 차 안에서 자유 낙하시킨 물체는 각각 같은 지점에 떨어졌다. 이 말은 정지 상태에 있던 처음 기준계에 대해 등속으로 이동하는 또 다른 기준계가 있기 때문에 우리 눈에 물체의 낙하 지점이 같아 보인다는 뜻이다. 이처럼 서로에 대해 등속도로 이동하는 기준계들을 **갈릴레이 기준계**라 부른다.

갈릴레이 기준계는 역학에서 관념화된 틀이나 배경을 이룬다. 또 갈릴레이 기준계에서는 모든 기준계들이 자연법칙 앞에서 평등하다는 것을 전제로 하기 때문에 민주주의와 통하는 면이 있다. 즉 모든 기준계들이 평등하므로, 갈릴레이 기준계에서 그 어떤 실험과 측정이 이루어져도 힘은 같은 방식으로 작용한다. 이것이 바로 갈릴레이가 주장한 **상대성 원리**이다.

한편, 뉴턴의 생각은 갈릴레이와 달랐다. 그는 물체와 기준계들이 이동할 때 기준 역할을 하는 절대 공간을 가정했다. 뉴턴은 이런 특별한 기준계를 가정함으로써 갈릴레이 기준계가 지닌 민주주의를 몰아낸 셈이다. 뉴턴의 이런 생각은 전자기학의 선구자들이 절대 공간을 채우고 있을 것이라고 상상한 에테르°를 이야기할 때도 등장한다.

어쨌든 처음에는 역학의 법칙에서만 언급되었던 상대성 원리는 20세기 초 푸앵카레°의 새로운 평가를 받으면서 다시 주목을 끌기 시작했다. 그리고 아인슈타인의 상대성 이론이 탄생

• • • •

에테르 음파가 공기와 같은 매질에 의해 전달되듯이 전자기파를 전달하는 매질로 작용한다고 19세기에 믿었던 가상의 우주 물질. 마이컬슨의 실험으로 그 모순이 발견되었으며, 아인슈타인의 상대성 이론으로 인해 그 실재를 논의할 필요가 없어졌다.

쥘 헨리 푸앵카레(1854~1912) 프랑스의 수학자, 물리학자, 과학 철학자. 수학에서는 수론, 함수론, 미분방정식론에 업적을 남겼고, 물리학에서는 전자기파론, 양자론, 상대성 이론에 공헌했다. 대표적인 저서로 『과학과 가설』, 『과학과 방법』 등이 있다.

아인슈타인은 상대성 이론에서
갈릴레이 기준계들이 등속도로 이동하는 절대 공간을 부정하게 된다.

하는 데 중요한 영향을 미치게 되었다.

역학적 보존 법칙은 무엇인가?

역학은 보존 법칙들의 지배를 받는다. 관찰이나 실험 결과를 수학적인 언어로 표현해야 하는 물리학자들에게 이보다 더 당연한 사실은 없다. 방정식의 기호 '='이 바로 이런 보존 법칙을 의미하고 있다.

방정식에서는 '='을 중심으로 수식이 한 변에서 다른 변으로 옮겨져도 어떤 일정한 값이 보존된다. 이는 '='을 중심으로 대칭적으로 전개된 수식은 동일한 변화가 양변에 서로 다른 방식으로 쓰였다는 뜻이기도 하다.

보존 법칙은 물리학자들이 만든 공식들을 예측 가능한 것으로 만들어 준다. 바로 이런 예측 가능성 때문에 보존 법칙은 자연의 비밀을 밝힐 때 정확하고 믿을 만한 도움을 준다. 그러나 과학자들의 탐구 정신은 보존 법칙마저도 그냥 내버려 두지 않는다. 그들은 끈질기게 실험을 되풀이해 이런 법칙들을 재검토하고, 반대 증거를 찾아낸다.

질량 보존 법칙

상대성 이론이 출현하기 전까지 질량 보존 법칙은 역학(그리고 화학)을 지탱하는 기둥 중 하나였다. 중력 질량이든 관성 질량이든 간에, 질량은 그 질량을 나타내는 물체의 온전한 상태를 변화시키지 않는 한 일정하게 보존된다. 물론 물리적 파손, 화학 반응, 핵반응 등으로 물질의 상태가 변하면 개별 물체의 질량이 달라질 수는 있다. 반면 사람들은 "생성되는 것도 없고, 소멸되는 것도 없다."는 라부아지에[*]의 법칙에 따라 언제나 질량이 전체적으로는 보존된다고 오랫동안 생각해 왔다.

그러나 현대의 과학 지식으로 볼 때 질량 보존 법칙은 더 이상 절대적인 참이 아니다. 아직 이 법칙을 계속 적용할 수 있는 경우가 많다 하더라도 말이다.

운동량 보존 법칙

역학을 지탱하는 또 다른 기둥은 운동량 보존 법칙이다. 그러나 뒤에 가서 살펴보겠지만, 이 정의는 다소 수정될 필요가

● ● ● ●

앙투안 로랑 라부아지에(1743~1794) 프랑스의 화학자로 근대 화학의 창시자로 불린다. 원소의 개념을 확립하고, 연소의 원리를 밝혔다. 또한 화학 반응의 전후에 물질은 보존되며 따라서 생성되거나 소멸되는 것은 없고 단지 변형만이 있다는 '질량 보존의 법칙'을 발표했다.

있다.

물체의 운동은 뉴턴의 제2법칙을 따른다. 뉴턴의 제2법칙은, 물체에 힘을 가하면 시간이 흐름에 따라 그 물체의 운동량이 변한다는 것이다. 한편 이 법칙은 보존 법칙과 통한다. 물체에 더 이상 힘이 가해지지 않아도 이미 가지고 있던 운동량의 값과 방향은 그대로 유지된다. 이러한 보존 법칙은 아무런 힘을 받고 있지 않은 물체들로 이루어진 집단에도 적용되는 보편적인 원리이다. 이 집단을 이루는 물체들 사이에 작용하는 힘으로 인해 물체 하나하나의 운동량은 변하게 되더라도 외부에서 힘이 작용하지 않는 한 전체 운동량은 변하지 않는다.

이외에도 역학에서 보존된다고 말하는 값은 많다. 그중에서도 에너지는 따로 살펴볼 필요가 있다.

에너지 보존 법칙

'질량'이 직관적인 개념이라면, '에너지'는 다분히 추상적인 개념이다. 에너지라는 개념은 17세기 관찰과 실험을 중시하는 과학적 지성의 산물이다. 에너지라는 말에는 물체의 운동과 변화에 관련된 수많은 양상이 포함되어 있다. 즉 에너지는 역학적 일을 제공하고, 운동을 일으키고, 온도를 바꾸고, 물질을 변형시키는 등의 다양한 형태로 나타난다.

여기서 잠깐 에너지라는 개념이 나타나게 된 과정을 이해하는 데 도움이 될 예를 하나 들어 보자. 경사면에 놓인 쇠공이 아래로 굴러가면 점점 속도가 증가한다. 이때 쇠공의 속도는 출발점과 측정점 사이의 높이 차이에 의해 결정된다. 경사의 정도와는 상관없다는 말이다.

이때 중력의 힘(아래로 향하고 마이너스로 계산되는)에 높이 차이를 곱한 값을 '일'이라고 할 때, 호이겐스*는 이 값이 질량에 속도의 제곱을 곱해서 2로 나눈 값과 거의 같다는 사실을 실험으로 확인했다. 이것은 현재 우리가 **운동 에너지**라 부르는 값을 구하는 과정이기도 하다.

이처럼 일과 운동 에너지가 같다는 사실에서 출발해, 일이 힘(여기서는 중력적 상호 작용)과 공간(여기서는 높이 차이)과 관련된 잠재적인 에너지(위치 에너지)와도 동일하다는 것을 알 수 있다. 즉 운동 에너지와 위치 에너지 각각의 변화량이 서로 정확히 상쇄된다는 것이다.

이 사실은 두 가지 관점에서 이해할 수 있다. 가령 경사면을

● ● ●

크리스티안 호이겐스(1629~1695) 네덜란드의 물리학자이자 천문학자. 라플라스와 함께 뉴턴의 역학을 더욱 발전시켰다. 또 토성이 고리를 가진 것을 발견했고, 빛의 파동설을 바탕으로 '호이겐스의 원리'를 확립했다.

거슬러 올라가는 쇠공은 운동 에너지를 잃는 대신, 그만큼 위치 에너지를 얻는다. 따라서 운동 에너지와 위치 에너지의 합은 일정하게 유지된다는 에너지 보존 법칙이 성립한다.

그런데 과연 경사면을 내려가는 쇠공 실험에서 에너지는 한치의 오차도 없이 보존되는 것일까? 관찰 결과, 쇠공이 경사면을 내려가면서 획득한 운동 에너지는 에너지 보존 법칙에서 예상한 값보다 약간 작게 나왔다. 그렇다면 그만큼의 위치 에너지는 사라져 버린 것일까?

쇠공의 운동 에너지만 고려한다면 대답은 '그렇다.' 이다. 그러나 이 실험에는 쇠공의 운동만 있는 것이 아니다. 쇠공이 경사면을 따라 내려갈 때 마찰이 일어난다. 마찰은 서로 접촉하고 있는 쇠공과 경사면을 가열해 온도 상승이라는 형태로 에너지를 전환한다. 이러한 에너지를 **내부 에너지**라고 한다. 물론 전체 에너지가 위치 에너지, 운동 에너지, 내부 에너지를 모두 합한 것이라고 본다면, 에너지는 여전히 보존된다고 할 수 있다.

이런 추론은 어떤 시스템이 에너지를 잃거나 얻은 것처럼 보일 때마다 반복되었다. 그때마다 더 큰 시스템이나 다른 형태의 에너지가 발견되어, 에너지가 전체적으로는 보존된다는 것을 설명할 수 있었다.

이와 같이 한정된 고립계에 어떤 일이 일어나든 에너지의 양은 일정하게 보존된다. 물론 에너지는 운동 에너지, 정전기 에너지, 자기 에너지, 역학적인 일, 열 등 다양한 형태로 나타난다. 이전에는 이런 여러 에너지들을 측정할 때 각각 서로 다른 단위를 사용했다. 1847년에 비로소 헬름홀츠 가 에너지 단위를 하나로 통일했으며, 그 후 에너지 보존 법칙은 물리학의 중심에 자리 잡게 되었다.

● ● ●

헤르만 폰 헬름홀츠(1821~1894) 독일의 생리학자이자 물리학자. 에너지 보존 법칙을 확립하였으며, 입체 망원경과 검안경 등을 발명했다.

2

전자기학은
왜 중요한가?

전기와 자기는 서로 영향을 끼칠까?

전자기적 상호 작용은 자연에 존재하는 기본적인 힘으로, 이 🍎 와 관련된 몇몇 현상들은 고대부터 잘 알려져 있었다. 또 18~ 19세기 동안 과학자들이 밝혀낸 여러 자연 현상의 비밀들도 전 자기적 상호 작용을 근거로 한 것이다.

전자기학은 물리학의 한 분야로 처음에는 학문적 성격이 애 매했다. 그러다 계몽주의 시대에 이르러 좋은 구경거리가 될 만한 실험들이 정전기에 관한 연구처럼 전문적인 내용에 곁들 여지자 사람들이 조금씩 흥미를 보이기 시작했다. 이 시기에 독일의 의학자이자 최면술사인 메스머 는 환자의 몸 위로 자석 을 움직여서 병을 치료할 수 있다고 주장하기도 했다.

이처럼 전기와 자기에 관련된 여러 현상들이 사람들의 주목을 받으면서 양과 음의 **전하**라는 새로운 실체가 밝혀졌다. 전하는 같은 부호끼리는 서로 밀어내고, 다른 부호끼리는 서로 끌어당긴다는 것이 알려졌는데, 이때 작용하는 힘의 세기는 중력의 세기보다 훨씬 큰 경우가 대부분이었다.

1797년 갈바니˙는 전하가 도선을 따라 흐르는 현상 즉 전류가 존재한다는 사실을 알아냈다. 1820년에는 외르스테드˙가 처음으로 자침이 전류의 영향을 받는다는 것을 관찰했다. 이때부터 물리학자들에게 늘 가장 큰 골칫거리가 되어 온 힘의 통일이라는 문제가 제기되었다. 그때까지만 해도 전혀 다른 힘으로 여겨졌던 전기와 자기가 공통된 무언가를 가지고 있음이 드러났기 때문이다. 결국 외르스테드의 실험은 전자기학 연구의

● ● ●

프리드리히 안톤 메스머(1734~1815) 독일의 의학자. 체내의 보이지 않는 액체가 자력의 법칙에 따라 작용한다는 '동물 자력' 이론을 발표했고 근대적 최면술을 창시했다. 동물 자기로 모든 병을 치료할 수 있다고 주장했지만, 의학회의 인정을 받지는 못했다.

루이지 알로이시오 갈바니(1737~1798) 이탈리아의 의학자·생리학자·물리학자. 개구리의 해부 실험 중에 나타난 현상으로 '동물 전기'를 발견했다. 갈바니가 쓴 전기에 관한 논문은 당시 학계에 큰 자극을 주어 전기 생리학·전자기학·전기 화학의 발전 계기를 마련했다.

한스 크리스티안 외르스테드(1777~1851) 덴마크의 물리학자이자 화학자. 전기가 흐르는 도선 주위에 나침반을 놓고 전류의 흐름을 바꾸면, 자침의 방향이 바뀐다는 사실을 발견했다.

출발점이 된 셈이었다. 그리고 이때부터 40여 년에 걸쳐 계속된 전자기학 연구는 맥스웰˙의 전자기장 통합 이론으로 집대성된다.

장(場)이란 무엇인가?

전자기학에서 **장**˙(場)이라는 개념은 중요한 역할을 한다. 장은 아무런 물체도 없는 공간의 각 지점에서 힘이 발현되는 것이다. 힘이 실제적이고 측정 가능한 것인 반면, 장은 순수하게 추상적인 개념이다. 장은 그 개념이 추상적인 만큼 수학적으로 다루기에 적합하다. 그러나 장의 원천이 워낙 다양하고 임의적으로 존재하기 때문에 장의 힘을 직접적으로 사용하기에는 어려운 점이 많다.

● ● ● ●

제임스 클러크 맥스웰(1831~1879) 영국의 물리학자. 패러데이의 전자기장 연구를 기초로 '맥스웰 방정식'을 만들고, 장(場)의 개념을 집대성했다. 빛이 전자기파라는 학설의 기초를 세웠고, 기체의 분자 운동에 대해 연구했다.
장 고립된 물질이 공간에서 어떤 힘을 받았을 때, 공간 자신이 그와 같은 힘을 작용시키는 원인으로 가지고 있는 것으로, 힘의 성질에 따라 중력장, 자기장, 전기장, 만유인력장 따위가 있다.

전기장은 전하에서 생겨난다. 전하는 물리학자들이 좋아하는 보존 특성을 지닌다. 우리를 둘러싸고 있는 우주는 전체적으로는 중성이며, 만약 어딘가에 음의 전하가 있다면, 양의 전하도 같은 양만큼 얻을 수 있게 된다. 이것이 전자기학의 기본적인 보존 법칙이다. 현재까지는 자기장에는 양전하나 음전하에 대응하는 것이 존재하지 않는 것으로 알려져 있다.

한편, 자기장의 원천은 전류다. **전류**는 전하의 이동을 뜻하며, 이것 역시 보존 법칙을 따른다. 이것은 일정 시간 동안 일정 부피 내에 포함된 전하의 변화가 같은 시간 동안 그 부피의 경계를 이루는 표면을 통과한 전류에 포함된 전하량과 같다는 말이다.

장은 쉽게 시각화할 수 있다. 평평한 면 위에 뿌려놓은 철가루 알갱이를 이용해 보자. 철가루는 전기장과 자기장의 영향을 받아 일정한 방향으로 늘어서는 성질이 있다. 패러데이 는 런던 왕립협회 공개 강연에서 처음으로 이 사실을 이용해 장의 흐름을 그림으로 보여 주었다. 오늘날 이 실험은 초등학교 아

마이클 패러데이(1791~1867) 영국의 화학자이자 물리학자. 벤젠을 발견했으며, 전기와 자기의 동일성을 파악해 통일된 개념으로서 전기에 대한 이론을 정리했다.

이들도 알 정도로 유명하다.

전자기파란 무엇인가?

1864년에 발표된 맥스웰의 정리는 19세기 전반 동안 외르스 테드, 앙페르, 가우스, 패러데이 등이 조금씩 다듬어 온 전자기학의 모든 법칙들을 하나의 체계로 정리한 것이다. 이 정리에는 전하량 보존 법칙이 함축되어 있다. 그리고 전류가 전혀 흐르지 않는 공간에서 맥스웰 방정식에 나타난 전파의 속도는 빛의 속도와 일치한다는 사실도 포함되어 있다.

맥스웰은 빛이 정말 전자기파로 이루어졌는지를 실험으로 확인하려 했지만, 이에 대한 증거를 얻기는 쉽지 않았다. 그의

● ● ●

앙드레 마리 앙페르(1775~1836) 프랑스의 물리학자이자 수학자. 전자기 현상과 전기 역학을 연구해 앙페르의 법칙을 확립했다.
카를 프리드리히 가우스(1777~1855) 독일의 수학자이자 물리학자. 19세기 최고의 수학자로 불리며 대수학·해석학·기하학 등 여러 방면에 걸쳐 뛰어난 업적을 남겼다. 물리학에서는 베버와 협력해 지구 자기를 측정하고, 이를 이론적으로 체계화시켜 전자기학의 기초를 닦았다.
맥스웰 방정식 맥스웰의 전자기 이론에서 기초가 되는 방정식. 전기와 자기를 측정 가능한 단일한 힘으로 보아 전자기파의 존재를 예언했다. 이 방정식을 통해 빛이 전자기파의 일종임이 밝혀졌다.

노력은 25년이 지나서야 결실을 맺었다. 헤르츠˙가 빛이 전자기파임을 증명하는 실험에 성공한 것이다.

X선, 자외선, 가시광선, 적외선, 라디오파와 같은 전자기파는 모두 전기장과 자기장의 진동을 빛의 속도로 전파한다. 그리고 이때의 전기장과 자기장의 전파는 전하를 띤 어떤 물질과 접촉해도 영향을 받지 않는다.

오늘날의 물리학자들은 모든 물질이 질량을 지닌다고 생각한다. 그러나 19세기 말까지만 해도 전기나 빛의 현상이 '무게를 잴 수 없기에 질량도 없는 어떤 물질'과 관련이 있다고 생각했다. 예를 들어 전기는 전하를 띤 유체를 통해 전파되는 것으로, 빛은 모든 공간과 물질에 스며들어 있는 에테르라는 매질을 통해 파동 형태로 전파된다고 보았다.

맥스웰도 이런 생각에서 출발해 하나의 역학 모델을 생각해냈다. 그러나 이 모델 안에서 질량이 없는 매질인 에테르는 기차의 예를 통해 설명되는 일반적인 속도 합성 법칙을 따르지 않았다. 여기에서 기차의 예란, 철로에 대한 승객의 속도는 기

● ● ●

하인리히 루돌프 헤르츠(1857~1894) 독일의 물리학자. 맥스웰이 전자기파를 예언한 후, 전자기파가 존재하는 것을 실험적으로 증명했다. 또 전자기파의 반사, 굴절, 회절, 간섭 등을 관찰해 전자기파와 빛이 같은 성질을 가졌음을 밝혀냈다.

차에 대한 승객의 속도에서 (기차의 진행 방향에 따라) 기차의 속도를 더하거나 뺀 값과 같다는 말이다.

1810년대에 들어서자 아라고˙는 빛이 일반적인 속도 합성 법칙을 따르지 않는다는 사실을 실험으로 증명했다. 이어서 프레넬˙은 빛의 이런 특성을 설명하기 위해 우주 공간에서는 정지해 있는 에테르가 운동 중인 투명한 물체 내부에서는 일부가 끌려서 움직인다는 가설을 내놓았다. 1851년에 피조˙가 프레넬의 이런 주장을 뒷받침하는 실험에 성공했다.

결국은 빛의 문제로 귀결된 이런 논쟁과 실험들은 모두 전자기파라는 보이지 않는 유령이 나타나면서 비롯된 것이었다. 그러면 이제부터 전자기 에너지의 실체가 무엇인지 좀 더 살펴보도록 하자.

● ● ● ●

프랑수아 아라고(1786~1853) 프랑스의 물리학자. 빛의 파동설을 실증했으며 '아라고의 원판'이라는 맴돌이 전류 현상을 발견했다.
오귀스탱 장 프레넬(1788~1827) 프랑스의 물리학자. 빛의 직진과 편광을 수학적으로 설명하였고 빛의 파동설을 확립했다.
아르망 히폴리트 루이 피조(1819~1896) 프랑스의 물리학자. 흐르는 물 속에서 빛의 속도를 관측하는 실험으로 마이컬슨-몰리 실험의 계기를 마련했다. 간섭계를 열팽창에 응용한 '피조의 팽창계'를 만들었다.

전자기 에너지와 질량은 어떤 관계일까?

전기장 안에서 전하를 띤 물체는 움직인다. 이때 물체는 전기력이 한 일 때문에 속도를 얻고, 위치 에너지를 잃는 대신 운동 에너지를 얻는다. 이것은 입자 가속기˚가 작동하는 원리이기도 하다. 마찬가지로 전류가 자기장을 가로지르는 운동을 하게 되면, 몇 가지 복잡한 과정을 거친 뒤 자기 에너지를 얻게 된다.

1884년에 포인팅˚은 맥스웰 방정식을 바탕으로 전기장과 자기장에서 **에너지 흐름**(단위 시간 동안 단위 표면을 통과하는 양)을 계산하는 공식을 만들었다. 이 공식은 전자기파가 옮기는 에너지를 측정할 수 있게 해 주었다.

1896년이 되자 톰슨˚이 전자를 발견했다. 그는 전류가 진공

• • • •

입자 가속기 전자나 양성자 같은 입자를 강력한 전기장이나 자기장 속에서 가속시켜 큰 운동 에너지를 발생시키는 장치이다. 주로 원자핵이나 입자를 연구하기 위해 사용된다.

존 헨리 포인팅(1852~1914) 영국의 물리학자. 전자기 마당의 에너지에 관한 이론을 폈으며, 지구의 평균 밀도 및 중력을 측정했다. 또 혜성의 꼬리 부분이 태양에서 먼 방향으로 기운다는 사실을 밝혀냈다.

조지프 존 톰슨(1856~1940) 영국의 물리학자. 1897년에 전자를 발견해 원자 구조에 대한 지식을 혁명적으로 변화시켰다. 1906년에 노벨 물리학상을 받았다.

상태인 유리관 양끝에 있는 두 전극 사이를 지날 때 음극선이 방출되며, 이 음극선은 음의 전하를 띠고 질량을 가진 미세한 입자들로 이루어졌다는 사실을 알아냈다. 이 입자는 전기를 띤 가벼운 공처럼 보였고, 빛을 제외하고는 지구에서 볼 수 있는 어떤 것보다도 빨리 움직였다. 바로 전자였다.

톰슨의 실험 결과, 음극선을 이루는 전자라는 알갱이들은 질량을 가지고 있었다. 그리고 이로 인해 뉴턴이 체계화한 세계에서는 상상할 수도 없었던 질문이 튀어나왔다. 단지 존재하는 것이 전부였던 질량이 운동량과 에너지, 그리고 다른 값들과 마찬가지로 전체적으로 보존된다면, 질량의 기원은 무엇인가 하는 문제이다.

전자로 인해 제기된 이 문제를 탐구하기 전에 우선 전기장과 질량의 관계를 수립하기 위한 조건들부터 확인해 보자. 일단 운동 중인 입자를 원천으로 하는 장의 에너지 흐름은 운동량을 전제로 한다. 그런데 역학에서 이런 운동량의 값은 관성 질량에 비례한다. 결국 전기장과 질량 사이에는 분명히 어떤 관계가 있다는 말이다.

19세기 말에 과학자들은 전자의 전자기적인 질량에 대한 측정을 시도했지만, 정확한 결과를 얻지 못했다. 그러나 한 가지 사실만큼은 명백하게 증명할 수 있었다. 질량에 빛의 속도를 제곱한 값을 곱하면, 그 결과가 에너지에 비례한다는 것이다.

물론 이때 사용된 비례 상수는 결과에 도달하는 방법에 따라 차이가 있었다. 게다가 어떤 과학자들은 전자의 전자기적 질량이 두 가지라고 주장하기도 했다. 전하가 운동하는 방향과 같은 방향으로 힘이 작용할 때의 질량과, 수직한 방향으로 작용할 때의 질량이 다르다는 것이었다. 그런데 이렇게 가정한 전자기적 질량은 속도에 따라 달라지는 것처럼 보였다. 당시에는 이런 현상을 설명할 만한 이론적인 틀이 없었기 때문에 큰 혼란이 따랐다. 그러나 1905년에 특수 상대성 이론이 등장하면서 혼란은 가라앉기 시작했다.

3

$E=mc^2$은 어떻게
탄생했을까?

상대성 이론°이란 무엇인가?

사람들은 19세기 초부터 빛이 역학의 속도 합성 법칙을 따르지 않는다는 것을 경험적으로 알고 있었다. 프레넬이 에테르의 부분적인 이끌림에 대한 특별 공식을 내놓은 것도 이런 현상을 설명하기 위한 것이었다.

그러나 1887년에 마이컬슨°과 몰리°가 간섭계 실험°을 통

● ● ● ●

상대성 이론 갈릴레이의 고전 물리학에서 아인슈타인의 현대 물리학까지 발전하는 과정에서 상대성 개념이 어떻게 변화했는지 자세히 알고 싶으면, 믿음 바칼로레아 시리즈 중 『상대성 이론이란 무엇인가?』를 참고하라.

앨버트 에이브러햄 마이컬슨(1852~1931) 폴란드 출신의 미국 물리학자. 마이컬슨 간섭계를 발명해 몰리와 함께 지구와 에테르의 상대 운동에 따른 광파의 간섭을 검출하는 실험을 했다. 이 실험은 광속 불변의 법칙을 발견하는 계기가 되었다. 1907년에 광학에 대한 연구 업적으로 노벨 물리학상을 수상했다.

해 이에 대한 반론을 제기했다. 이 실험은 공전 중인 지구에 대한 에테르의 상대적인 운동으로 인한 빛의 간섭 현상을 검출해 에테르의 존재를 입증하려는 것이었다. 그런데 당시 많은 사람들의 예측대로 빛이 에테르 같은 매질을 통해 전달되는 파동이라면 마땅히 검출되어야 할 간섭 현상이 나타나지 않았다. 결국 빛의 속도는 전파 방향이나 측정이 이루어지는 기준계의 운동(이 경우에는 태양을 중심으로 공전하는 지구의 운동)과 무관한 것으로 밝혀졌다.

전자기학과 역학 사이에 일치하지 않는 부분은 또 있었다. 전자기학에서 쓰는 맥스웰 방정식은 고정된 기준계에서 움직이는 기준계로 옮겨 가기 위한 갈릴레이 변환*을 거치면 형태

● ● ● ●

에드워드 윌리엄스 몰리(1838~1923) 미국의 화학자이자 물리학자. 마이컬슨과 함께 실시한 간섭계 실험을 통해 아인슈타인의 상대성 이론 탄생에 도움을 주었다.

간섭계 실험 지구가 에테르라는 가상의 매개 속에서 움직인다고 가정한 후 간섭계를 이용해 에테르에 대해서 지구가 움직이는 속도를 측정한 실험. 빛이 에테르에 대해 일정한 속도를 가진다면 지구의 운동과 같은 방향으로 잰 빛의 속도와 지구의 운동과 수직인 방향으로 잰 속도를 비교하면 지구가 움직이는 속도를 알 수 있을 것이다. 그러나 실제 실험에서는 두 방향의 빛의 속도 차이가 없었다. 결국 이 실험을 통해 에테르 이론은 위기를 맞게 되고 아인슈타인에 의해 빛의 속도는 일정하다는 이론이 제시되었다.

갈릴레이 변환 2개의 좌표계 x, y, z와 x', y', z'가 서로 일정한 속도 v로 운동하고 있을 때, 뉴턴의 고전 역학에 따라 한쪽 좌표계에서 다른 쪽 좌표계로 변환해 주는 법칙. 시간 t에서의 그 변환은 $x'=x-vt$, $y'=y$, $z'=z$로 주어진다.

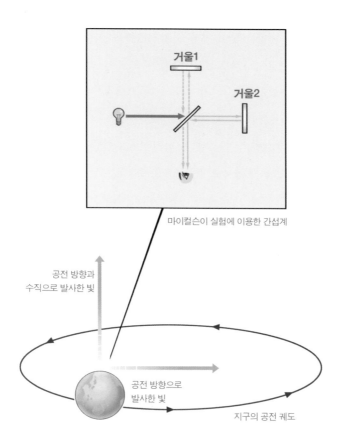

거울1

거울2

마이컬슨이 실험에 이용한 간섭계

공전 방향과
수직으로 발사한 빛

공전 방향으로
발사한 빛

지구의 공전 궤도

마이컬슨과 몰리는 빛을 지구의 공전 방향과 같은 쪽으로(거울2),
또 공전 방향과 수직인 쪽으로(거울1) 발사한 후 두 속도를 비교했다.
그 결과 두 거울에서 반사된 빛의 속도가 같다는 사실을 발견했다.

가 바뀌었다. 이것은 역학에서는 볼 수 없는 현상이었다.

🍎 **갈릴레이 변환**은 좌표계와 시간 사이에 있는 단순한 선형적 관계를 전제로 한 것으로, 일반적인 속도 합성 법칙을 설명할 수 있는 근거가 된다. 여기에서 (절대적)시간은 어느 한 기준계에 종속되지 않는다.

결국 과학자들은 맥스웰 방정식이 갈릴레이 변환에서처럼 서로 다른 관성계에서도 동일하게 표현될 수 있는 길을 찾기 시작했다. 그들이 오랜 고민 끝에 내린 결론은 공간과 시간의 개념이 수정되어야 한다는 것이었다. 그런데 이것은 두 관성계를 연결하는 갈릴레이 변환 자체가 바뀌어야만 한다는 사실을 의미했다.

역사상 최고의 수학자로 불리는 푸앵카레와 19세기 말의 가장 위대한 이론 물리학자로 여겨지는 로렌츠°는 상대성 이론의 탄생에 중대한 공헌을 한 사람들이다.

우선, 푸앵카레의 경우부터 살펴보자. 푸앵카레는 1900년 로렌츠의 박사 학위 25주년을 기념하는 책에 들어갈 논문을 썼

● ● ● ●

헨드리크 안톤 로렌츠(1853~1928) 네덜란드의 물리학자. 빛의 반사와 굴절로부터 시작하여 물질의 전자론에 관련된 여러 이론을 정립했다. 고전 전자론을 집성하여 고전 물리학을 완성하고 새로운 물리학 탄생의 기반을 닦아 물리학의 아버지로 불리기도 한다. 1902년에 노벨 물리학상을 수상했다.

다. 그는 이 논문에서 전기에 의해 전하를 띠면서 운동 중인 물체들의 전체적인 운동량이 보존되지 않는다고 주장했다. 그러나 이 물체들 집단의 전자기장이 질량을 가진 유체와 같을 것이라고 가정하자 운동량은 보존되었다. 유체가 모자라는 운동량을 채워 주었기 때문이다.

이렇게 해서 푸앵카레는 질량을 장의 에너지와 연결시켰다. 그리고 에너지를 광속의 제곱으로 나눈 값과 질량의 값이 같다는 것을 계산을 통해 보여 주었다.(그가 직접 한 것은 아니지만!) 그러나 오늘날의 물리학자들이 보기에 푸앵카레가 제시한 계산 방법에는 문제가 있다. 왜냐하면 어떤 질량이 빛의 속도로 이동할 수 있음을 암시하고 있기 때문이다. 뒤에서 보게 되겠지만, 이것은 상대성 이론의 틀에서는 불가능한 일이다.

한편, 로렌츠는 1904년에 전자론에 관한 자신의 연구를 정리해서 발표했다. 그는 이 논문에서 전자기 질량에 대해 다루었는데, 질량의 일부만이 그런 전자기적인 기원에 따른 것이라고 보았다. 또 오늘날 **로렌츠 변환**으로 알려진 좌표계 변환 공식에 대해서도 언급했다.(1887년 독일의 물리학자 포크트 가 그 기초를 확립했다.)

로렌츠 변환도 갈릴레이 변환처럼 좌표계와 시간 사이의 선형적인 관계를 나타낸 것이기는 하지만, 표현 방법은 그보다 더 복잡했다. 위치와 속도에 따른 '국지적 시간'을 개입시키고 있기 때문이다. 로렌츠는 1892년부터 이미 자신의 이론에 불완전하게나마 국지적 시간 개념을 도입하고 있었다.

1905년 물리학의 혁명은 어떻게 이루어졌을까?

전자기학과 역학을 양립시키기 위해 가장 먼저 해야 할 일은 갈릴레이 변환을 로렌츠 변환으로 과감히 대체하는 것이다. 1905년에 푸앵카레가 그런 시도를 조심스럽게 했고, 젊은 아인슈타인은 아무런 거리낌 없이 옛것을 버렸다.

아인슈타인은 도끼를 휘둘렀다. 에테르, 싹둑! 절대적인 시간과 공간, 싹둑! 중요한 것은 일반화된 상대성 원리와 맥스웰 방정식에 함축되어 있는 광속의 불변성뿐이었다. 그리고 거기서부터 로렌츠 변환과 새로운 속도 합성 규칙을 끌어냈다.

로렌츠의 국지적 시간은 하나의 기준계에 연결되어 있으면

● ● ●

볼데마어 포크트(1850~1919) 독일의 물리학자. 물질의 전기적·자기적 성질과 이런 성질이 보여 주는 자기광학적 현상을 검토하고, 로렌츠 변환의 기초를 확립했다.

서 기준계마다 달라지는 시간이다. 국지적 시간을 도입한 로렌츠 변환에서 물체의 속도는 항상 진공에서 빛의 속도보다 작다. 또 물체의 속도는 이런 빛의 속도에 최대한 가까워질 수는 있지만, 결코 그것을 넘어서지는 못한다.

속도 합성 법칙에 대한 상대성 이론의 설명은 1851년에 피조가 에테르의 부분적 이끌림으로 설명한 것보다 더 정확했다. 또한 전기장과 자기장은 자기적 상호작용이 다르게 표현된 동일한 힘이며, 서로 변형된다는 사실도 분명해졌다. 외르스테드가 막연하게 예감했던 전기적인 힘과 자기적인 힘의 통일이 마침내 눈앞에 다가온 것이다.

그런데 이 단계에서도 로렌츠 변환과 보존 법칙 사이에는 여전히 일치되지 않는 점이 남아 있었다. 질량을 가진 물체의 운동 조건을 연구하면서(동역학), 운동량에 대한 관례적인 정의(불변 질량에 속도를 곱한 값)를 계속 따를 경우, 어떤 기준계에서는 보존되는 운동량이 다른 기준계에서는 보존되지 않는 경우가 있었기 때문이다. 그러나 운동량을 정지 질량 m_0(불변)에 속도 v와 매개 변수 γ를 곱한 값으로 새롭게 정의하면 결과는 달라졌다. 속도에 종속되는 매개 변수 γ는 로렌츠 변환의 모든 공식에 등장하는 것으로 다음과 같이 나타낸다.

$$\gamma = \frac{1}{\sqrt{1 - \dfrac{v^2}{c^2}}}$$

우리는 위의 식을 통해 속도 v가 빛의 속도 c에 최대한 가까워질 수는 있다 해도, c보다 반드시 작아야 함을 알 수 있다. 운동 에너지를 정의하는 전통적인 추론을 이 조건에서 수정하면, 물체의 운동을 일으키는 힘이 하는 일은 $\gamma m_0 c^2$이라는 값의 변화와 같다는 결과에 이르게 된다. 또 속도 v가 0일 때($\gamma=1$) 에너지는 결국 $m_0 c^2$이 되는데, 이는 정지 상태에 있는 물체의 에너지를 말한다. 이제 드디어 우리가 알고 있는 그 유명한 공식에 도착한 것이다!

이렇게 탄생된 $E = m_0 c^2$이라는 공식은 특수 상대성 이론의 핵심이다. 결국 특수 상대성 이론은 역학과 전자기학의 세계를 일치시키려던 노력의 산물인 셈이다.

아인슈타인이 1905년에 예감하고 1907년에 그 논거를 제시했듯이, $E = m_0 c^2$은 물질(질량이 있는)이 에너지(빛)로 전환되거나, 혹은 반대로 에너지가 물질로 전환될 가능성을 암시하고 있다. 이것은 질량은 더 이상 보존되는 개념이 아니라는 뜻이다. 아인슈타인은 이를 가리켜 "질량이 독립적인 개념의 자격을 잃었다."고 말하기도 했다.

그러나 질량이 이처럼 에너지 보존에 포함되는 개념임이 밝혀졌다 해도 질량의 기원에 대한 의문들이 모두 풀린 것은 아니다. 아직도 질량에 대한 많은 의문들이 해결되지 않은 채 새로운 탐구를 요구하고 있다.

질량은 에너지로, 에너지는 질량으로 바뀔까?

물체의 속도가 진공에서 빛의 속도에 가까워질 경우에 운동량은 무한대에 가까운 관성 질량 $m=\gamma m_0$에 속도를 곱한 값으로 해석될 수 있다. 이는 전자기 질량에 관한 상대성 이론의 연구가 나오기 전에 이미 밝혀진 사실이기도 하다.

질량이 속도에 종속된다는 증거는 빠르고 미세한 물체를 관찰해 보면 알 수 있다. 이런 연구에는 질량이 극도로 작은 전자가 아주 적합하다. 그러나 양자 역학의 불확정성 원리°는 정지

• • • •

불확정성 원리 양자 세계에서는 입자의 위치와 운동량을 동시에 측정하는 것이 불가능하다는 원리. 예를 들어 전자의 위치를 파악하려면 빛(광자)을 전자에 부딪쳐 반사시킨 후 우리 눈으로 들어오게 해야 한다. 그런데 빛이 전자에 부딪치는 순간 에너지를 전달하므로 전자의 운동 에너지가 증가하게 된다. 즉, 양자 세계에서는 측정 행위가 측정 대상에 변화를 가하게 된다.

양자 세계에서는 양자의 위치를 측정하는 행위 자체가 양자의 운동량을 변화시킨다.
따라서 양자의 위치와 운동량을 동시에 측정할 수 없다.

상태에 있는 전자의 무게를 잴 수 없다고 말하고 있다. 그래서 물리학자들은 빠르게 운동하고 있는 전자의 무게를 잴 때에는 (이미 알려져 있고 불변하는)전하와 질량의 비를 측정하는 방법을 사용한다.

전자의 무게를 재는 실험을 하면 입자의 속도가 빛의 속도에 가까워질수록 질량이 커진다는 것을 쉽게 관찰할 수 있다. 이런 효과는 20세기 초, 일부 방사선 물질에서 방출된 베타선을 통해 관찰되었다. 베타선은 질량의 변화를 감지할 수 있을 만큼 빠른 속도를 지닌 전자로 이루어지는데, 그 결과를 속도가 0일 때까지 확대 적용하면 전자의 정지 질량을 구할 수 있다. 이때 얻은 값을 에너지로 보면 500킬로전자볼트(keV)에 해당한다.

물체(전자)의 질량이 속도에 따라 달라진다는 것은 무슨 뜻일까? 정지 상태의 질량과 운동하는 상태의 질량은 어떻게 다른 것일까? 일부 물리학자들은 '질량'이라는 용어를 정지 상태의 물체에만 쓰고 빠르게 움직이는 물체에 대해서는 질량 대신 관성이라는 용어를 쓰기도 한다. 그러나 일반적으로는 정지한

• • • •

베타선 방사선의 한 종류로 음전기를 띠며 화학 작용, 사진 작용, 형광 작용 등을 한다.

경우든 움직이는 경우든 모두 질량이라고 한다.

예를 들어 설명하자면, 세른(CERN)의 대형 전자-양전자 가속기 안에서 전자의 속도는 빛의 속도와 10^{-11}의 차이밖에 나지 않을 만큼 가까워졌다. 이때 질량은 정지 질량 값의 2.3×10^5배에 달했다. 이런 식으로 대형 입자 가속기 속에 운동하는 입자의 질량은 증가한다.

입자 가속기에서 주로 사용하는 방법은 가속시킨 입자를 움직이지 않는 표적이나 반대 방향에서 오는 다른 입자들과 충돌시켜 충격을 주는 것이다. 두 경우에 모두 전하를 띤 빠른 물체가 역시 전하를 띤 다른 물체와 충돌하는 과정에서 '제동 복사' 현상이 발생한다. 그리고 이때 전자는 빛을 내놓고, 자신의 질량 변화에 광속의 제곱을 곱한 값에 해당하는 양만큼 에너지를 잃게 된다.

원자나 분자에서 빛이 방출되거나 흡수될 때에도 이와 동일한 상황을 볼 수 있다. 원자는 복합적인 구조물로, 중심에는 전

● ● ● ●

세른(CERN) 1952년에 프랑스, 서독, 영국 등 서유럽 12개 나라가 공동으로 스위스 제네바에 설립한 고(高) 에너지 물리학 연구소. 예전 명칭은 유럽 핵연구소였으나 현재는 유럽 입자물리연구소로 부른다.
제동 복사 고속의 하전 입자가 전기장을 통과할 때 가속도를 받아서 전자기파를 방출하는 일. 또는 그 전자기파를 말한다.

자보다 수천 배나 무거운 원자핵이 있다. 그리고 이 원자핵의 양전하량에 따라 원자핵 주위에서 궤도를 그리며 도는 전자의 수가 결정된다.

여기서 '전자가 원자핵 주위를 궤도를 그리며 돈다.'는 말은 이미지를 떠올리기에는 편리하지만, 정확한 표현은 아니다. 왜냐하면 원자 속의 전자들은 역학의 일반적인 법칙을 따르지 않고, 양자 역학의 규칙을 따르기 때문에 궤도를 그리며 도는 운동을 하지 않는다. 대신에 전자들은 에너지 준위로 정의되는 특수한 상태에서 원자핵 주변에 존재 확률의 지도를 그리며 분포하는 오비탈* 형태로 퍼져 있다.

원자가 하나의 광자*를 방출하면, 전자는 에너지를 잃고 하위 에너지 오비탈로 옮겨 간다. 이때 움직이는 전자는 제동 복사의 경우에서 마찬가지로, 질량을 잃게 된다. 역으로, 광자를 흡수해 질량을 얻은 전자는 상위 에너지 오비탈로 옮겨 간다.

그런데 이 과정에서 개입되는 에너지는 아주 적다. 따라서 원자 전체의 수준에서 볼 때 질량의 변화가 몹시 미미해 현재

오비탈 원자 속 전자의 상태를 양자 역학을 이용해 공간에 퍼져 있는 정도로 나타낸 것이다. 즉 전자가 존재하는 공간 영역을 뜻한다.
광자 양자론에서는 빛을 특정한 에너지와 운동성을 가지는 일종의 입자로 취급하는데, 이때 빛의 입자를 광자, 또는 광양자라고 한다.

의 과학 기술로는 포착할 수 없을 정도이다. 다행인 것은 이런 변화를 측정할 수 있는 기구의 정밀도가 나날이 좋아지고 있다는 사실이다. 또 이를 보완하기 위해 어느 정도 이상의 질량 차이는 원자핵을 이용해 쉽게 확인하는 방법도 시도되고 있다.

4

$E=mc^2$으로 **우주의 비밀**을 풀 수 있을까?

핵반응이란 무엇인가?

원자핵은 전자보다 약 2000배 더 무거운 '핵자'가 밀집되어 있는 것이다. 양성자와 중성자는 모두 핵자의 한 종류이다. 전기적으로 양성자는 양의 전하를 띠고, 중성자는 중성이다. 또 이들은 각각 3개의 쿼크로 이루어져 있다.

핵자와 쿼크의 집합은 전자기적 상호 작용의 지배를 받는다. 또 자연 방사능이 발견되기까지는 예상치 못했던 기본적인 힘의 지배도 받고 있다. 이 힘은 1930년경에 확인된 강한 상호

• • •

핵자 원자핵을 구성하는 양성자와 중성자.
쿼크 양성자, 중성자와 같은 소립자를 구성하고 있다고 생각되는 기본적인 입자. 3분의 1이나 3분의 2의 전하를 갖는 것으로 추측된다. 아직 쿼크 자체는 발견되지 않았다.

작용과 약한 상호 작용이라는 두 가지 상호 작용을 말한다. 이들은 원자핵 단계나 그보다 더 하위 단계에서만 작용하는 힘이다.

19세기의 물리학자들은 전자기적 상호 작용을 조금씩 해독하는 데 많은 시간을 투자했다. 마찬가지로, 20세기의 물리학자들은 강한 상호 작용과 약한 상호 작용의 비밀을 밝히는 데 상당한 공을 들였다. 그 이유는 입자 사이의 상호 작용이 질량의 기원을 밝히는 중요한 열쇠가 되기 때문이다.

물리학자들은 원자핵과 핵자의 무게를 재는 방법을 오래전부터 알고 있었다. 물론 쿼크의 경우에는 사정이 달라진다. 쿼크는 따로 분리할 수가 없기 때문이다.

입자들의 정지 질량과 운동하는 동안의 질량 사이의 비례 관계는 측정하기가 어렵다. 어쨌든 핵자의 질량만 알면 핵에너지를 알 수 있으므로, 운동은 그다지 중요하지 않게 된다. 모든 것은 질량이 얼마나 되는지에 달려 있다.

핵반응은 1919년에 블래킷˙과 러더퍼드˙가 각각 처음으로

●　●　●

패트릭 메이너드 스튜어트 블래킷(1897~1974)　영국의 물리학자. 원자핵 및 우주선을 연구했고, 군의 작전 연구에서도 중요한 업적을 남겼다. 우주선과 핵물리학 연구에 대한 공헌으로 1948년에 노벨 물리학상을 수상했다.

관찰했다. 그리고 이들의 관찰 결과는 페랭[*]에게 핵에너지에 대한 새로운 아이디어를 주었다. 페랭은 물리학자였지만, 천문학자들보다 먼저 별이 $E=mc^2$이라는 과정을 통해 에너지를 만들 수 있을 것이라고 주장했다.

실제로 원자핵의 질량은 핵자들의 질량을 합한 것보다 항상 작다는 사실이 확인되었다. 이러한 질량 결손은 중간 단계의 원자핵을 만들기 위해 가벼운 원자핵들이 결합하거나(핵융합) 중간 단계의 원자핵에서 무거운 원자핵으로 분리(핵분열)되는 과정에서 생기는 것으로 보였다. 이 사실은 결손된 질량이 에너지로 전환되어 방출될 수 있음을 말해 준다.

● ● ●

어니스트 러더퍼드(1871~1937) 영국의 물리학자. 고주파 전류, 방사능, 핵 물리학 분야에서 활발한 연구를 펼쳐, 1908년에 노벨 물리학상을 수상했고, 1925~1930년 사이에 왕립학회 회장직을 역임했다.

장 바티스트 페랭(1870~1942) 프랑스의 물리화학자. 콜로이드 용액을 연구했고, 브라운 운동에 관한 아인슈타인의 이론을 실험적으로 증명해 분자가 실재하는 것을 보였으며, 아보가드로수 측정에도 성공했다. 1926년에 물질의 불연속적 구조에 관한 연구로 노벨 물리학상을 수상했다.

핵융합과 핵분열 반응은 에너지를 만들어 낼까?

태양과 별들의 중심에서는 4개의 양성자(수소 원자핵)가 모여 양성자 2개와 중성자 2개로 이루어진 헬륨 원자핵 하나를 만든다. 양성자–양성자 반응을 시작으로 연속적인 반응을 일으키는 이 과정에서 에너지가 어떻게 변하는지를 계산하는 것은 비교적 쉽다.

양성자–양성자 반응은 (양성자 1개와 중성자 1개로 이루어진)중수소 원자핵과 전자, 그리고 중성미자를 하나씩 내놓는다. 그러나 아직은 연구실에서 이런 반응을 관찰할 만한 정교한 기구가 없는 상태이다. 다만 태양의 중심에서 일어나는 양성자–양성자 반응만은 관찰이 가능하다. 태양 중심에서는 우리가 알고 있는 고체 상태의 밀도보다 10만 배나 더 큰 밀도로 양성자 사이에 충돌이 일어나기 때문에 지구에서도 여기서 생겨난 중성미자를 감지할 수 있다.

그런데 양성자–양성자 반응에서 잃어버린 질량에 해당하는 에너지는 어디로 간 것일까? 중성미자가 멀리까지 옮기는 소량의 에너지를 뺀 나머지는 반응에서 생긴 또 다른 산물들의 운동 에너지로 바뀌었다고 볼 수 있다.

태양 중심에서 일어나는 양성자 충돌로 주위 환경에 부분적으로 옮겨지는 에너지는 약 1500만 도에 달하는 태양 중심의 온도를 그대로 가지고 있다. 그리고 이들 중 일부는 5700도밖에 되지 않은 태양의 표면까지 복사의 형태로 전파된다.

우리가 있는 지구까지 오는 태양의 복사 에너지는 초당 400만 톤에 달하는 질량 결손에 따른 것이다. 그러나 이것은 태양 전체의 질량에 비해서는 무시해도 좋을 만큼 적은 양이다.

태양에서 일어나는 양성자-양성자 반응의 느린 속도(우리에게는 정말 다행스러운)에 비추어 볼 때, 태양의 남은 수명은 약 100억 년이다. 이 시간 동안 태양은 초기 질량의 단지 2000분의 1만을 양성자-양성자 반응으로 잃게 될 것이다.

현재의 과학 기술은 태양에서 일어나는 것과 같은 중수소 핵융합 반응을 재현할 수 있는 단계에 이르렀다. 그러나 이런 핵반응을 전기 에너지의 원천으로 만드는 일에는 아직 성공하지 못했다.

핵융합의 경우와는 달리, 우라늄 핵분열 현상이 발견˚된 후 이를 응용한 원자력 발전소가 설치되기까지 걸린 시간은 상당

● ● ● ●

우라늄 핵분열 발견 1938년 말에 독일의 두 화학자 한과 슈트라스만이 우라늄에 중성자를 쏘면 바륨이 생성되고, 여기서 두세 개의 중성자가 나와 연쇄 반응을 일으키는 현상을 발견했으며, 후에 이것이 '핵분열'로 해석되면서 원자핵 시대의 막을 열게 되었다.

히 짧았다. 그렇게 된 배경에는 2차 세계 대전과 에너지 위기에 대한 인식이라는 시대적인 분위기가 어느 정도 작용했을 것이다. 그러나 무엇보다 중요한 원인은 핵반응에 대한 학문적인 발전이 이미 이루어져 있었기 때문에 기술자들이 이 새로운 발견에 재빨리 대처할 수 있었던 것이다.

핵을 이용한 기술 발전에서 가장 중요하게 작용한 개념은 연쇄 반응이다. 핵분열 과정에서 무거운 원자핵(우라늄)은 크기가 다른 2개의 조각으로 깨지면서 2~3개의 중성자를 내놓는다. 이 중성자들이 잠시 후 또 다른 핵분열을 일으키고, 이 과정에서 방출된 새로운 중성자들이 다시 또 핵분열을 일으킨다. 연쇄 반응이 일어나는 것이다. 이때 군사적인 목적이라면 연쇄 반응이 폭발적으로 일어나도록 내버려 두고, 거기에서 나오는 엄청나게 파괴적인 에너지를 이용해야 할 것이다. 그러나 연구용 원자로나 전기 생산이 목적이라면 이런 반응을 철저하게 통제해야 한다.

표준 핵 원자로를 사용하고 1년 후 약 27톤의 핵연료를 방전했을 때, 초기 질량에 비해 3킬로그램 정도가 줄어든다. 그만큼이 에너지로 전환되었다는 말이다. 그런데 인간이 원자로를 만들어 내기 훨씬 전 자연 상태에서도 이와 비슷한 일이 이미 일어나고 있었다. 한 예로, 1972년에 가봉의 한 우라늄 광산에서 20억 년 전에 약하게 작동되었던 천연 원자로의 흔적이 발견되었다. 자연에 존재하는 핵반응 과정은 이외에도 더 있다. 자연 방사성 원소에서 볼 수 있는 현상이 바로 그것이다.

납을 기준으로, 그보다 더 무거운 원자핵은 불안정한 상태다. 자연 방사성 원소의 원자핵들은 '방사선'을 방출한다. 이 광선을 분석하면 에너지가 꽤 큰 입자들과 감마선 형태의 전자기파가 포함되어 있다는 것을 알 수 있다. 이처럼 방사선을 방출한 원자핵은 처음보다 낮은 에너지 준위에서 재조직된다. 그만큼 질량을 잃었기 때문이다. 그리고 이때 잃은 질량에 상응해 생겨난 에너지는 광자 에너지와 방사성 원자핵의 운동 에너지로 나누어진다.

방사능 붕괴 현상을 관찰해 보면 남은 원자핵의 질량과 방출된 물체(전자나 헬륨 원자핵)의 질량을 더해도 처음 원자핵의 질량보다 적다는 것을 알 수 있다. 이때 사라진 질량은 남은 원자핵과 방출된 입자의 운동 에너지로 전부 전환된 것이라 볼 수 있다.

이상 핵반응에 관한 내용을 마치기에 앞서, 두 가지 사항을 다시 짚어 보도록 하자. 첫째, 핵융합이나 핵분열에서는 아주 작은 질량도 엄청난 에너지로 변할 수 있다. 이것은 동일한 질량의 화학 연료(석탄, 석유, 가스 등)가 만드는 에너지의 잠재력

보다 수백만 배나 더 크다. 둘째, 핵반응 후 모자라는 질량이 핵자들 사이의 재배열 때문인지, 아니면 물질이 정말로 사라졌기 때문인지 정확히 말하기 어렵다는 것이다.

물질과 반물질이 만나면 새로운 물질이 생길까?

$E=mc^2$에 따르면, 물질은 질량이 에너지로 바뀌면서 사라질 수도 있고, 에너지가 질량으로 바뀌면서 생성될 수도 있다. 그런데 여기에는 '반물질'을 개입시키는 과정이 존재한다.

1920년대 말에 영국의 물리학자 디랙은 상대성을 최소한으로 포함한 양자 이론의 연장선상에서 전자를 하나의 반입자와 관련시켜 생각했다. 그리고 1932년에는 앤더슨이 우주선을 연구하던 중에 반물질의 하나인 반전자(혹은 양전자)를 발견

● ● ● ●

반물질 전자 · 양성자 · 중성자로 이루어지는 실재의 물질에 대하여, 그 반대 입자인 양전자 · 반양성자 · 반중성자로 이루어지는 물질. 이론으로는 가능하나 자연 상태에서의 실재는 아직 확인되지 않았다.
폴 에이드리언 모리스 디랙(1902~1984) 1928년에 상대성 원리를 이용해 전자의 움직임을 예측하는 방정식을 발견했다. 또 전자와 쌍을 이루는 양전자의 존재를 예측했다.

했다. 반전자는 전자와 질량은 같으면서 전하는 반대 부호를 띠고 있는 것이다.

입자-반입자의 이원성은 물리학자들이 생각하는 질량이 있는 모든 물체에 확대 적용된다. 그리고 이런 이원성을 제대로 이해하려면 전자기 복사를 파동으로 표현해서는 안 된다. 다행히도 플랑크와 아인슈타인의 연구 덕분에, 우리는 복사를 **광자**라는 에너지 입자로 설명할 수 있게 되었다. 이때 광자의 운동량은 광자의 에너지와 마찬가지로, 파동의 진동수에 비례한다. 물질-에너지 전환을 설명하려면 이 방법을 사용하는 것이 더 적합하다.

물질과 반물질은 한 가지 물질의 두 가지 대립된 형태이다. 이 둘은 오랫동안 공존하지 못한다. 예를 들어, 쿼크와 반쿼크로 이루어진 중성 파이온 π_0는 수명이 몹시 짧다. 그것은 두 개의 광자를 내놓으면서 0.84×10^{-16}초만에 사라진다.

● ● ● ●

칼 데이비드 앤더슨(1905~1991) 미국의 물리학자. 1932년에 양전자를 발견하고, 1937년에 핵력을 담당하는 중간자와는 다른 μ중간자를 발견해 유카와설을 뒷받침했다. 1949년 μ중간자의 자연 붕괴에 따라 전자와 두 개의 중성미자가 발생하는 것을 처음으로 밝혔다.

우주선 우주에서 끊임없이 지구로 쏟아지는 매우 높은 에너지의 입자들. 우주에서 직접 날아오는 양자 및 중간자를 일차 우주선, 대기 속에 있는 분자와 충돌하여 이차적으로 생긴 음전자와 양전자를 이차 우주선이라고 한다.

물질과 반물질은 한 가지 물질의 두 가지 대립된 형태이므로 오랫동안 공존하기 어렵다.

마찬가지로, 전자와 양전자의 만남은 그 두 입자에게 치명적이다. 에너지가 높을 때에는 이들의 만남은 복잡한 과정을 통해 불안정한 입자들을 연속적으로 생성한다. 반면에, 에너지가 낮을 때는 두 개의 광자를 방출한다.

전자와 양전자가 만나 소멸되면서 광자를 내놓는 이런 현상은 의학에 응용되기도 한다. 예를 들어, 양전자를 방출하는 방사성 원소를 체내에 투입하면 그 원소들은 일정한 위치에 우선적으로 고정된다. 그러고 나서 이 원소들이 양전자를 방출하는데, 이 양전자는 주위 원자들 속의 전자에 이끌려 사라지면서 광자를 내놓는다. 그리고 우리는 이때 발생하는 광자를 탐지해 뇌나 기타 장기의 정확한 모습을 단면도(단층 촬영) 형태로 얻을 수 있다. 이런 기술을 PET(양전자 방출 단층 촬영)라고 한다.

지금까지 말한 것과 반대로, 전자–양전자 쌍이 새롭게 생겨날 수도 있다. 이를 위해서는 광자가 생성되는 입자들의 정지 질량을 합한 값에 해당하는 에너지, 즉 1메가전자볼트(MeV)보다 높은 에너지를 가지고 있어야 한다. 그런데 보존 법칙들에 따르면, 이런 전환이 자연 발생적으로는 일어날 수는 없다. 단 광자가 질량을 가진 물체, 즉 일반적으로 무거운 원자핵을 만나면 전자–양전자 쌍이 생성될 수도 있다고 본다. 실험실에서는 처음에 그런 식으로 양전자를 만들었다.

단 한 개의 광자가 물질이 되는 것은 질량을 가진 물체의 도움 없이는 불가능하다. 그러나 두 개 이상의 광자는 전체적으로 충분한 에너지만 있다면, 물질적인 존재의 도움을 받지 않고도 물질이 될 수가 있다. 이에 대한 실험적인 증거는 20세기 말(1996~1997년)에 제시되었다.

이 현상은 매우 드문 것으로 부수적인 광자를 많이 필요로 한다. 따라서 거울을 이용해 레이저 자극을 집중시켜 부수적인 광자들을 많이 얻어야 한다. 그런데 이렇게 얻은 광자들은 아주 약한 에너지를 가지고 있다. 따라서 레이저 광자를 가속화된 전자에 충돌시켜 에너지가 매우 큰 광자들을 얻는 과정도 필요하다.(콤프턴 효과°)

전자에 50기가전자볼트(GeV)에 달하는 에너지를 전달할 수 있는 입자 가속기가 있는 스탠퍼드 대학에서 이 실험이 실시된 적이 있다. 그 결과, 높은 에너지로 방출된 광자와 레이저 광자들은 한 쌍의 전자-양전자로 물질화되었다. 그리고 이런 물질화 현상이 생기는 데에는 모두 4개의 레이저 광자가 필요했다.

● ● ●

콤프턴 효과 엑스선이 물질에 부딪혀 산란할 때, 산란 엑스선 속에 입사 엑스선보다 파장이 긴 것(에너지가 더 작은 광선)이 포함되는 현상. 엑스선 또는 빛의 입자성을 증명하여 아인슈타인의 광양자설이 옳음을 뒷받침하였다. 1923년에 미국의 물리학자 콤프턴이 발견하였다.

$E=mc^2$으로 우주의 기원을 알 수 있을까?

20세기 말까지만 해도 질량은 손으로 만질 수 있는 현실적인 실체로 이해되었다. 그리고 에너지는 보존 법칙과 관련된 추상적인 개념에 지나지 않았다. 그러나 상대성 이론의 $E=mc^2$이라는 공식이 등장하면서 에너지와 질량 사이의 등가성이 성립되고, 추상적인 것과 현실적인 것은 뒤섞여 버렸다.

질량의 기원에 관한 연구는 여기서 한 걸음 더 나아간 과정이라고 할 수 있다. 전자의 전자기적 질량에 대한 연구가 운동 중인 전기장이라는 추상적인 개념에서 질량의 기원을 찾아냈기 때문이다.

지난 백 년 동안, 물질을 이루는 극히 미세한 구성 요소에 대한 지식은 놀라운 발전을 거듭했다. 이 과정에는 점점 더 효과적인 실험 방법들이 사용되고 있고, 그에 따라 훌륭한 새 이론들이 속속 나타나고 있다.

역학의 보존 법칙들도 자연의 네 가지 기본적인 힘인 중력 상호 작용, 전자기적 상호 작용, 강한 상호 작용, 약한 상호 작용을 통일하려는 일반적인 움직임 속에서 보완되고 있다. 이렇게 쌓인 지식들 덕분에 우리는 우주의 역사에 대해 점점 더 많은 것을 알아가는 중이다.

그러나 이런 상황에서도 질량의 기원만은 여전히 풀리지 않는 문제로 남아 있다. 그리고 이 문제는 다음과 같은 부차적인 질문을 던지게 한다. 왜 우리가 살고 있는 세계는 반물질이 아닌 물질로만 이루어져 있을까?

힉스장과 힉스 입자*와 같은 추상적인 개념들이 나온 것도 바로 이런 질문들에 답하기 위한 것이다. 그런데 우리는 과연 새로운 입자 가속기 LHC(CERN에 있는 대형 강입자 가속기)를 통해 힉스 입자를 만날 수 있을까?

물리학자들이 현재 만들고 있는 이론은 소립자 물리학과 우주론을 하나로 통합하는 것이다. 또 우주가 거대한 에너지 폭발에서부터 출발해 어떻게 진화할 수 있었는지 설명하기 위한 것이기도 하다. 결국 우리는 $E=mc^2$의 역할 덕분에 새로운 이론을 만들어 내고, 무언가를 얻게 되리라 기대해 본다.

● ● ● ●

힉스장과 힉스 입자 영국의 이론 물리학자 힉스는 질량의 기원을 다룬 힉스장 이론을 제안했다. 여기서 힉스 입자는 질량을 만드는 것으로 추정되는 가상의 입자로 힉스장을 만든다. 이 이론에서는 힉스 입자가 힉스장과 상호 작용을 얼마나 하느냐에 따라 질량이 결정된다.

더 읽어 볼 책들

- 고종숙, 『내 머리로 이해하는 $E=mc^2$』(푸른나무, 2001).

- 데이비드 보더니스, 김민희 옮김, 『$E=mc^2$』(생각의 나무, 2001).

- 베라파커, 이충환 옮김, 『상대적으로 쉬운 상대성 이론』(양문, 2002).

- 제레미 번스타인, 이상헌 옮김, 『$E=mc^2$과 아인슈타인』(바다 출판사, 2002).

- 프랑수아 바누치, 김성희 옮김, 『상대성 이론이란 무엇인가?』(민음in, 2006).

옮긴이 | 김성희

부산대 불어교육과 및 동대학원을 졸업했으며 현재 전문 번역가로 활동 중이다.

민음 바칼로레아 55

E=mc² 이란 무엇인가?

2판 1쇄 찍음 2021년 3월 18일
2판 1쇄 펴냄 2021년 3월 30일

1판 1쇄 펴냄 2008년 10월 17일
1판 2쇄 펴냄 2013년 9월 19일

지은이 | 장루이 보뱅
감수자 | 곽영직
옮긴이 | 김성희
발행인 | 박근섭
펴낸곳 | ㈜민음인

출판등록 | 2009. 10. 8 (제2009-000273호)
주소 | 06027 서울 강남구 도산대로 1길 62 강남출판문화센터 5층
전화 | 영업부 515-2000 **편집부** 3446-8774 **팩시밀리** 515-2007
홈페이지 | minumin.minumsa.com

도서 파본 등의 이유로 반송이 필요할 경우에는 구매처에서 교환하시고
출판사 교환이 필요할 경우에는 아래 주소로 반송 사유를 적어 도서와 함께 보내주세요.
06027 서울 강남구 도산대로 1길 62 강남출판문화센터 6층 민음인 마케팅부